_____ 학교 ____ 학년____반 _____ 의 책이에요.

'체험학습'이란 책에서나 수업 시간에 배운 지식을 실제 현장에서 직접 경험해 보는 공부 방법이에요. 단순히 전시된 물건을 관람하거나 공연을 보는 것이 아니라 학습을 하기 전에 미리 필요한 정보를 조사하는 것까지를 포함한 모든 활동을 의미해요. 어떻게 공부할 것인지를 준비하면 그렇지 않은 경우보다 훨씬 더 많은 것을 보고 느끼게 되겠지요. 이 책은 체험학습을 하려는 어린이들에게 좋은 길잡이 역할을 할 거예요.

❶ 가기 전에 읽어 보세요

이 책은 체험학습 현장을 어린이들이 쉽게 이해할 수 있도록 풀이한 안내서예요. 어린이들이 직접 체험학습 현장을 찾아가는 데 필요한 정보가 들어 있어요. 체험학습 현장을 가기 전에 꼼꼼히 읽어 보세요.

❷ 현장에서 비교해 보세요

남산골 한옥마을을 둘러보며 보다 많은 것을 얻을 수 있도록 한옥과 전통 정원에 관한 배경 지식을 담았어요. 뿐만 아니라 현장에 직접 가지 않아도 남산골 한옥마을이 어떤 곳인지 알 수 있도록 생생하게 구성했어요.

❸ 스스로 활동해 보세요

이 시리즈는 단지 지식을 전달하기 위한 교양서가 아니에요. 어린이 여러분이 교과서로 수업 시간에 배운 내용을 실제 현장에서 직접 체험하며 익힐 수 있도록 다양한 활동 내용을 담았지요. 책 중간이나 뒷부분에 이해를 돕기 위한 활동이 있으니 꼭 스스로 정리해 보세요.

❹ 견학 후 활동이 다양해요

체험학습 후에는 반드시 견학 후 여러 가지 활동을 해 보세요. 보고서 쓰기, 신문 만들기, 그림 그리기 등을 통해 체험학습에서 보고 들은 내용을 다시 한번 정리하면 알찬 체험학습이 될 거예요.

신나는 교과 체험학습 26

조선 시대 양반집을 구경해요 **남산골 한옥마을**

초판 1쇄 발행 | 2006. 3. 15.
개정 3판 6쇄 발행 | 2023. 11. 10.

글 이흥원 | 그림 김순남 김수현

발행처 김영사 | **발행인** 고세규
등록번호 제 406-2003-036호 | **등록일자** 1979. 5. 17.
주소 경기도 파주시 문발로 197(우10881)
전화 마케팅부 031-955-3100 | 편집부 031-955-3113~20 | 팩스 031-955-3111

값은 표지에 있습니다.
ISBN 978-89-349-9632-3 64000
ISBN 978-89-349-8306-4 (세트)

좋은 독자가 좋은 책을 만듭니다. 김영사는 독자 여러분의 의견에 항상 귀 기울이고 있습니다.
전자우편 book@gimmyoung.com | 홈페이지 www.gimmyoungjr.com

어린이제품 안전특별법에 의한 표시사항

제품명 도서 **제조년월일** 2023년 11월 10일 **제조사명** 김영사 **주소** 10881 경기도 파주시 문발로 197
전화번호 031-955-3100 **제조국명** 대한민국 ⚠**주의** 책 모서리에 찍히거나 책장에 베이지 않게 조심하세요.

조선 시대 양반집을 구경해요

남산골 한옥마을

글 이흥원 그림 김순남 김수현

주니어김영사

차례

남산골 한옥마을에 가기 전에

미리 준비하세요

준비물　수첩, 필기구, 사진기, 지하철 노선표,
　　　　　교통비, 《남산골 한옥마을》 책

미리 알아 두세요

관람 시간　남산골 한옥마을은 월별로 관람 시간이 달라요. 확인하고 가세요.

4월~10월	오전 9시~오후 9시
11월~3월	오전 9시~오후 8시
매주 월요일은 문을 열지 않아요.	

관람료　무료

문의　전화 (02) 2261-0517 홈페이지 http://www.hanokmaeul.or.kr

주소　서울시 중구 퇴계로 34길 28

지하철　3 · 4호선 충무로 역에서 내린 다음 4번 출구로 나와
　　　　　사잇길로 5분 정도 걸어오면 남산골 한옥마을이에요.

버스　0211, 104, 105, 263, 604, 421, 463, 507, 7011번 등을 타고
　　　　퇴계로3가 한옥마을 정류장에서 내려요.

＊관람 시간 및 관람료는 변경될 수 있으니 남산골 한옥마을 홈페이지에서
　다시 한 번 확인하세요.

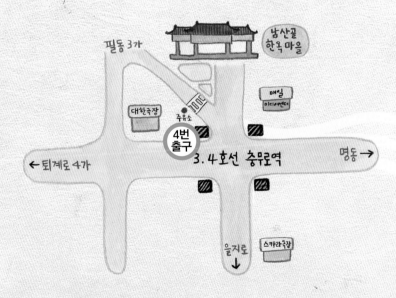

남산골 한옥마을은요……

서울 여기저기에 흩어져 있던 한옥들을 옮겨다 짓고 주변을
우리의 전통 정원으로 꾸며 놓은 옛 양반 마을이에요. 이곳에 오면
조선 시대 우두머리 목수의 집부터 왕의 경호 대장 집, 왕의 장인과
사위의 집, 왕비가 어렸을 때 살았던 집까지 구경할 수 있답니다.
다섯 채의 집을 하나하나 돌아보다 보면 조선 시대 한옥들이 어떤
모습을 하고 있었는지, 어떤 재료로 만들어졌는지 직접 눈으로 보고
손으로 만지며 배울 수 있어요. 또 조상의 생활 공간인 한옥과 정원
에서 그때 사람들의 삶에 대한 자세와 자연을 대하는 태도를 느낄 수
있을 거예요. 자, 그럼 우리 조상의 삶의 공간 속으로 들어가 볼까요?

한옥마을로
출발!

넘겨 보세요.

서울천년 타임캡슐광장
서울에 수도를 정한 지
600년이 된 것을 기념해
지난 1994년, 이곳 남산골에
'서울천년타임캡슐'을 묻었어요.
1000년째가 되는 2394년에
개봉할 예정이랍니다.

삼청동 오위장
김춘영 가옥

삼각동 도편수
이승업 가옥

전통
공예관

옥인동
윤씨 가옥

관훈동
민씨 가옥

제기동
해풍부원군
윤택영 재실

남산골에 가면
옛집을 직접
볼 수 있어!

남산골 한옥마을은 이렇게 생겼어요

남산은 예부터 경치가 아름답기로 유명했어요. 조선 시대에는 양반들이
남산 골짜기 곳곳에 정자를 지어 놓고 시를 읊으며 풍류를 즐겼지요.
남산골 한옥마을은 이런 남산의 북쪽 자락에 자리해 있어요.
그럼, 남산골 한옥마을을 한번 살펴볼까요? 마을에 들어서면
큰 연못과 누각이 있어요. 청학지와 천우각이에요.
이번 체험학습은 천우각에서 시작해 광장 옆으로 난
길을 따라 올라가면서 전통 정원을 감상하고
한옥마을을 돌아보는 순서로 이어질 거예요.
한옥마을에는 한옥 다섯 채가 부챗살 모양으로
펼쳐져 있답니다. 옥인동 윤씨 가옥,
제기동 해풍부원군 윤택영 재실, 관훈동 민씨 가옥,
삼청동 오위장 김춘영 가옥, 삼각동 도편수
이승업 가옥이에요. 우리는 전통 정원과
통하는 옆문으로 들어가서
삼청동 오위장 김춘영 가옥부터 구경할 거예요.

1 정문		**9** 청류정	
2 관리 사무소		**10** 화장실	
3 종합 안내도		**11** 관어정	
4 계류		**12** 관어지	
5 천우각 광장		**13** 망북루	
6 천우각		**14** 서울천년 타임캡슐광장	
7 청학지		**15** 피금정	
8 한옥마을		**16** 후문	

서까래 밑에 매단 발

관훈동 민씨 가옥의 안채

장독대와 우물

우리 옛집 이야기
한옥

한옥은 언뜻 보면 모두 비슷비슷한 것 같아요.
하지만 한옥에 대해 미리 알고 나면 각 집의 특징과
좋은 점, 불편한 점이 눈에 들어와서
볼거리가 한결 풍부해질 거예요.
여기에서는 남산골 한옥마을을 본격적으로
둘러보기 전에 우리의 옛집 한옥과
전통 정원에 대해 공부해 보기로 해요.
어려울 것 같다고요? 멋진 집을 구경하며
주인의 설명을 듣는다고 생각해 보세요.
나중엔 집을 나서기가
아쉬워질 거랍니다.

관훈동 민씨 가옥의 사랑채

한옥에 깃든 생각

집은 우리가 살아가는 데 꼭 필요한 공간이에요. 하루 중 많은 시간을 보내는 곳이기 때문에 집에는 지어진 시대와 지은 사람의 생각이 담기게 되지요. 오늘날 우리는 편리하고 쾌적한 환경에서 살기를 원해요. 그래서 집도 그런 생각에 맞도록 짓고 있어요. 마찬가지로 한옥에는 옛 사람들의 생각이 고스란히 담겨 있답니다. 그럼 한옥에 담긴 옛 사람들의 생각을 알아 볼까요?

오늘 돌아볼 한옥들은 조선 시대에 지은 것이에요. 조선 시대에는 유교라는 사상을 매우 중요하게 여겨서, 유교의 가르침을 익히고 지키는 데에 온 정성을 다했답니다. 그러니 한옥 또한 유교의 가르침에 따라 지었겠지요? 특히 조상 숭배, 남녀유별, 장유유서 등의 가르침이 한옥을 짓는 데 중요한 기준이 되었어요.

그중에서도 가장 큰 영향을 끼친 것은 조상 숭배예요. 양반이라면 집에 조상을 받들기 위한 사당을 꼭 마련한 것은 물론이고, 집터를 잡을 때 사당 자리를 맨 먼저 정했을 정도였지요.

남녀유별은 공간을 나눌 때 기준이 되었어요. 한옥의 공간이 크게 여자들의 공간인 안채와 남자들의 공간인 사랑채로 나뉘는 게 이 때문이지요. 또 장유유서에 따라 안채와 사랑채 안에서도 시어머니와 며느리, 아버지와 아들의 공간이 정해졌고, 신분에 따라서 주인이 머무르는 본채(안채, 사랑채)와 하인이 머무르는 행랑채로 나뉘었어요.

유교 외에 풍수지리도 한옥을 지을 때 빼놓을 수 없는 기준이었어요. 풍수지리란, 산과 땅과 물의 방향이나 생김새에 따

유교
자신의 몸을 다스리고 가정을 다스린 후에야 나라를 다스리고 천하를 편안하게 할 수 있다는 생각을 중심으로 하는 동양의 사상이에요. 인(仁:어질다)을 도덕의 최고 이념으로 여겨요.

사상
체계를 갖춘 생각을 뜻해요.

남녀유별
남녀 사이에는 다름이 있어야 한다는 말이에요.

라 사람이 잘되기도 하고 못되기도 한다는 생각이에요. 이 생각을 믿었던 옛 사람들은 집을 지을 위치와 방향, 짓는 시기와 방법 등을 풍수에 따랐답니다. 집을 다 지은 후에도 반드시 좋은 날을 골라서 이사를 했지요.

옮기고 또 옮기고

조선 시대에는 지위에 따라서 지내는 방도 달라졌어요. 대를 잇는 큰아들의 경우, 젖을 먹는 아기 때에는 어머니와 지내다 동생이 생기면 할머니 방으로 옮겨요. 그러다 5~6세쯤 되면 다시 할아버지 방으로 옮기지요. 커서 결혼을 하면 작은사랑으로 옮겼다가, 가게를 이어받으면 큰사랑을 차지했답니다.

🖊 **장유유서**
나이가 많은 사람과 적은 사람 사이에는 지켜야 할 차례가 있다는 뜻이에요.

한옥엔 이층집이 없다?
한옥에는 이층집이 아주 드물어요. 왜일까요? 이층집을 지을 기술이 없었기 때문일까요? 사실은 풍수지리 때문이랍니다.
우리나라에는 산이 많아서 집을 높게 지으면 집안에 안 좋은 일이 생길 거라고 믿었던 것이지요.

전통 한옥 구경하기

자, 그럼 조선 시대 양반들의 생각을 담고 있는 한옥을 구경해 보도록 해요. 그림에 보이는 집 정도면 지위도 높고 아주 부유한 사람이 살았을 거예요. 제대로 모양새를 갖춘 한옥에는 이처럼 대문간채와 행랑채, 사랑채, 안채, 별채, 사당이 있었어요. 앞에서 얘기했듯이 남녀유별, 장유유서, 조상 숭배의 정신이 잘 나타나고 있지요.

집의 입구에는 양반 가의 위엄이 드러나도록 높다란 솟을대문을 세웠어요. 대문에 딸려 있는 방들을 대문간채라고 부르는데, 이곳에는 하인들의 방과 마구간, 가마를 두는 곳 등이 있었답니다. 대문을 지나면 하인들이 머무는 행랑채와 남자들의 공간인 사랑채가 보여요. 안채는 사랑채 옆에 있는 일각문을 지나고 또 중문을 지나야만 나타나도록 되어 있네요. 다른 건물이나 담에 둘러싸여 있어서 바깥에서 안채를 바로 들여다볼 수가 없어요. 그렇다면 한옥에서 빼놓을 수 없는 곳, 사당은 어디 있나요? 안채 뒤편 장독대 너머로 보이는군요. 찾았나요? 별채는 사랑채 옆에 있는 것으로 보아 남자들이 사용했던 것 같아요.

솟을대문의 진짜쓰임새는 무엇일까요?
높다란 솟을대문은 양반의 권위를 나타내기 위해서높이 지은 것이기도 하지만 가마나 말을 탄 사람이드나들기 쉽게 하기 위해서이기도 하답니다. 옛날사람들의 실용적인생각이 돋보여요.

일각문
두 개의 기둥으로 세운 대문을 말해요.

중문
대문 안에 또 세운 문이에요.

우
행랑채
뒷간
행랑 마당
행랑 마

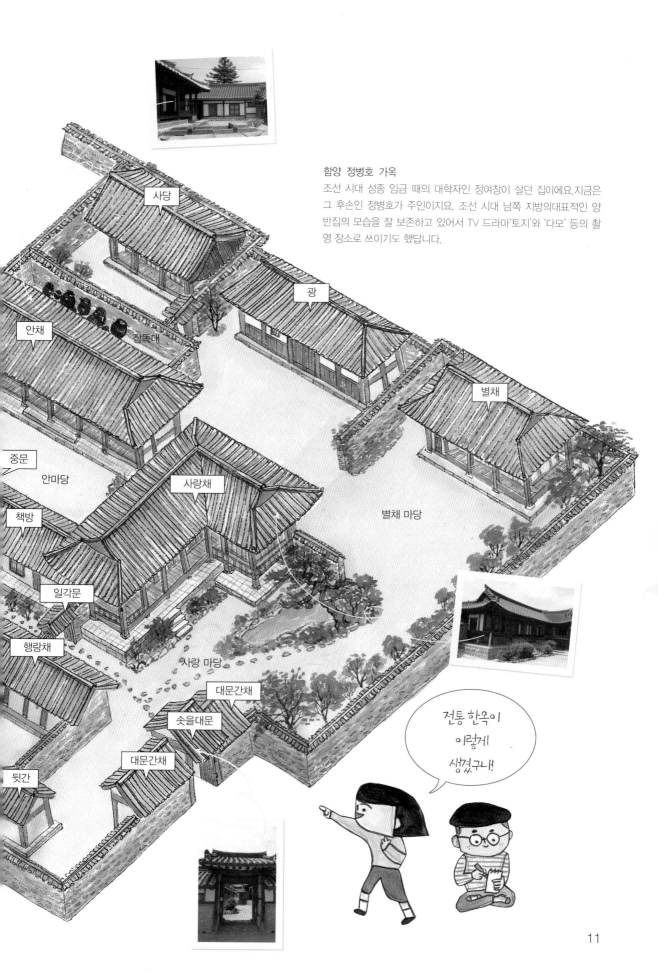

함양 정병호 가옥

조선 시대 성종 임금 때의 대학자인 정여창이 살던 집이에요. 지금은 그 후손인 정병호가 주인이지요. 조선 시대 남쪽 지방의 대표적인 양반집의 모습을 잘 보존하고 있어서 TV 드라마 '토지'와 '다모' 등의 촬영 장소로 쓰이기도 했답니다.

사당

광

안채

장독대

별채

중문

안마당

사랑채

별채 마당

책방

일각문

행랑채

사랑 마당

대문간채

솟을대문

대문간채

뒷간

전통 한옥이 이렇게 생겼구나!

자연과 어우러진 옛 정원

한국 정원

유럽 정원

우리의 전통 정원은 자연을 그대로 살려 멋스러워요. 산과 골짜기, 시냇물, 바위, 나무들을 있는 그대로 둔 채 그중 경치가 가장 뛰어난 곳에다 정자를 짓고 자연 풍경 자체를 즐겼지요. 어디까지가 정원이고 어디서부터가 자연인지 구별하기가 어려울 정도랍니다.

일본이나 유럽의 정원과 비교하면 우리 정원의 자연스러움을 더욱 잘 알 수가 있어요. 일본의 정원은 자연의 모습을 아주 작게 줄여서 집 안에 옮겨다 놓았어요. 바위로 산을, 자갈로 바다를 나타내는 식이지요.

남간정사
조선 시대 중기의 대학자인 송시열이 지은 서당이에요.
뒤편에 있는 샘의 물이 계곡을 타고 흘러와서
정자 아래를 지나가는 독특한 모습을
볼 수 있답니다.

자연과 조화를 이룬 전통 정원이에요.

연못

또 유럽의 정원은 감상할 만한 자연 풍경이 없는 곳에 분수와 나무, 돌 등을 가져다 놓고 꾸며요. 아름답기는 하지만 매우 인공적이에요.

산과 나무와 또 시냇물과 한데 어우러진 우리 옛 정원에는 자연과 조화를 이루고 살아가려는 조상의 마음가짐이 담겨 있어요. 물론 금수강산이라 불릴 만큼 아름다운 자연이 있었기 때문에 가능한 일이었지요. 조선 시대의 학자 정극인이 지은 〈상춘곡〉의 한 소절과 함께 우리의 전통 정원을 감상해 보세요.

초가삼간
아주 작은 초가를 뜻해요. 초가는 짚으로 지은 집이지요.

송죽
소나무와 대나무를 뜻해요.

세상에 남자로 태어나서 나만 한 사람이 많건마는
산림에 묻혀 사는 지극한 즐거움을 모른단 말인가.

초가삼간*을 시냇물 앞에 지어 두고
송죽*이 울창한 속에 바람과 달의 주인이 되었구나.

정자

삼청동 오위장
김춘영 가옥의 굴뚝

옥인동 윤씨 가옥의 부엌

관훈동 민씨 가옥, 안채에서 사랑채로 통하는 문

뒷짐 지고 동네 한 바퀴
집과 정원

그럼 이제 남산골 한옥마을을 구경해 볼까요?
우선 천우각과 청학지를 중심으로 꾸며진
전통 정원을 거닐면서 남산의 정취를
듬뿍 느껴 보고, 한옥마을로 들어갈 거예요.
한옥마을에 있는 집은 모두 다섯 채이지만
그중 이승업 가옥은 찻집으로 운영되고 있기
때문에 오늘은 네 곳만 둘러볼 거랍니다.
이 책에서는 각 집을 특징별로 소개했어요.
나중에 여러분 나름대로의 주제를 정해서
다시 한번 찾아와도 재미있겠지요?

관훈동 민씨 가옥의 화계

남산 기슭 한가로운 곳

남산골 한옥마을에 들어서면 왼쪽으로 넓게 펼쳐진 마당과 연못, 그리고 누각이 눈에 들어와요. 누각에 한번 올라가 볼까요? 아주 시원한 데다가 주변 경관이 편안하게 잘 보일 거예요. 이제 연못을 내려다보세요. 모양이 어떻게 생겼나요? 네모이지요? 연못 가운데에는 동그랗고 조그마한 섬도 있어요. 하늘은 둥글고 땅은 네모나다는 조상들의 생각이 표현된 것이에요. 이런 생각을 '천원지방(天圓地方)'이라고 하지요. 우리의 전통 정원에는 이처럼 하늘과 땅, 즉 우주에 대한 독특한 생각이 담겨 있답니다.

누각과 정자
누각과 정자는 모두 경치가 좋은 곳에 놀거나 쉬려고 지은 건물이에요. 벽 없이 기둥과 지붕으로만 이루어져 있지요. 누각은 여러 사람이 모일 수 있도록 크게 지은 반면에 정자는 크기가 누각보다 훨씬 작답니다.

천우각
여러 사람이 모여 풍류를 즐길 수 있는 누각이에요.

화계
계단식 정원이에요.

청학지

꼭대기에 망북루가 있네!

입구

종합 안내도

계류
계류란 산골짜기에 흐르는 시냇물을 뜻해요.

그럼 이제 산책도 할 겸 계곡을 따라 올라가요. 계곡 옆으로 아담한 정자들이 세워져 있네요. 별로 근사하지않다고요? 정자와 누각은 밖에서 바라보기 위해 지은 것이 아니라 그 위에 올라가서 주변 경치를 감상하기위해 지었어요. 그러니 한번 올라가 주위를 둘러보세요. 남산 자락에 펼쳐진 기와 지붕이며, 더불어 어우러진 나무들이 멋진 풍경을 이루고 있어요.

그런데 정자들이 조금씩 다르게 생겼어요. 청류정과 망북루의 지붕은 기와를 얹은 반면에 관어정과 피금정의 지붕은 짚으로 엮었지요. 기와로 지붕을 지은정자는 주로 양반용이고, 짚 지붕을 얹은 정자는 대개평민들의 것으로 '모정'이라고 부른답니다.

망북루
관어정과 관어지를 지나 맨 꼭대기로
올라가면 망북루가 있어요.

피금정
한옥마을 옆문을 들어서기 전에 잠시
쉴 수 있는 피금정이에요.

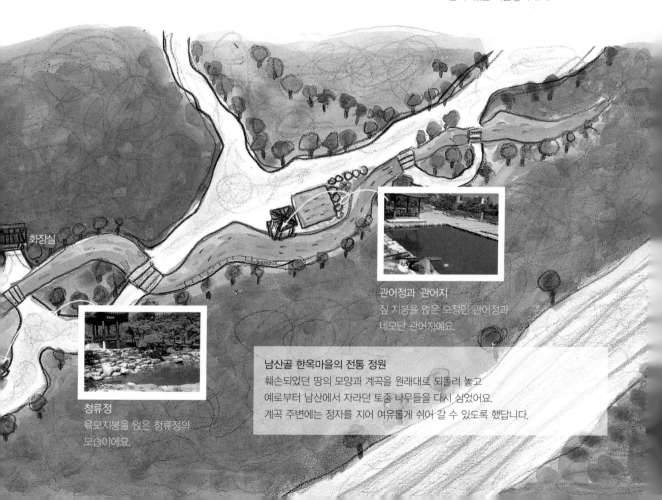

화장실

관어정과 관어지
짚 지붕을 얹은 모정인 관어정과
네모난 관어지예요.

남산골 한옥마을의 전통 정원
훼손되었던 땅의 모양과 계곡을 원래대로 되돌려 놓고
예로부터 남산에서 자라던 토종 나무들을 다시 심었어요.
계곡 주변에는 정자를 지어 여유롭게 쉬어 갈 수 있도록 했답니다.

청류정
육모지붕을 얹은 청류정의
모습이에요.

아담한 도시형 한옥

삼청동 오위장 김춘영 가옥

조선 말기에 오위장을 지냈던 김춘영의 집이에요. 오위장은 임금을 지키는 군대의 대장을 부르던 말이에요.

도심
도시의 중심부를 뜻해요.

피금정을 마지막으로 전통 정원을 지나면 작은 문이 나와요. 문에 들어서면 이곳이 바로 한옥마을이랍니다. 복잡한 바깥의 도심과는 달리 평화로운 모습이에요.

오른쪽 골목 깊숙한 곳에 아담한 한옥 한 채가 있어요. 한번 구경해 볼까요. 1890년 대에 지은 이 집은 본래 서울시 종로구 삼청동에 있던 것이에요. 그 당시 삼청동에는 지위가 높고 부유한 양반들이 많이 모여 살았어요. 집들이 매우 빼곡하게 들어차 있었기 때문에 좁은 땅을 잘 이용해야만 했지요.

김춘영 가옥에서도 그런 점을 볼 수 있어요. 큰 한옥들은 대개 11쪽에서 본 집처럼 사랑채와 안채가 따로 있어요. 하지만 이 집은 왼

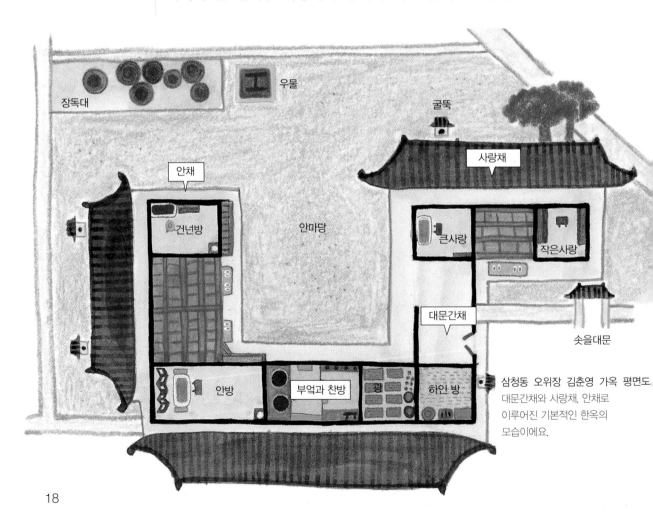

삼청동 오위장 김춘영 가옥 평면도
대문간채와 사랑채, 안채로 이루어진 기본적인 한옥의 모습이에요.

쪽 아래 그림에서처럼 'ㄷ'자 모양의 안채에 'ㅡ'자 모양의 사랑채를 붙여 지어서 공간을 최대한 활용했어요. 그러면서도 사랑채는 남자들이 생활하고 손님을 맞는 고유의 역할을 다하고, 안채는 바깥 사람들의 눈에 띄지 않지요. 안주인과 바깥주인의 시중을 들기 좋도록 안채와 사랑채의 중간에 하인 방을 두었어요.

작은 집이지만 있을 건 다 있어요. 사랑채에 아버지 방, 아들 방, 안채에 어머니 방, 며느리 방, 그리고 부엌, 광, 찬방까지. 김장이나 농작물 타작과 같은 일을 하는 곳인 안마당은 장독대가 있는 뜰로 연결돼요. 안채의 뜰 역시 한옥에서 빼놓을 수 없는 공간이에요.

찬방
반찬거리나 반찬 만드는 도구 따위를 넣어 두는 방이에요. 부엌 옆에 있어요.

삼청동 오위장 김춘영 가옥 사랑채

삼청동 오위장 김춘영 가옥 안채

여기서
잠깐!

화장실을 찾아라!

남산골 한옥마을의 한옥들에 공통적으로 없는 것이 하나 있어요. 바로 화장실이에요! 여러분이 김춘영 가옥의 화장실 자리를 한번 정해 보세요.

사랑채에 한 개, 안채에 한 개가 필요한데 냄새가 나니 방에서 멀리 떨어져야 하고, 자투리 공간을 활용하면 더욱 좋겠죠?

☞ 정답은 56쪽에

19

장독대

우물

석지

우선 장독대를 볼까요? 우리의 옛집에는 양반집이든 서민의 집이든 간에 장독대가 꼭 있었어요. 보통 부엌 뒤켠이나 마당 한쪽에 돌로 나지막한 단을 쌓아 만들었지요.

장독대 옆에 있는 것은 무엇이죠? 맞아요, 우물이에요. 옛날에는 물을 우물에서 길러 썼어요. 양반집에서는 우물을 집 안에 두고 편하게 사용했지만 대부분의 서민들은 마을 공동 우물을 이용했답니다. 우물은 1년에 한 번 정도 청소를 했어요.

우물물을 모두 퍼내고 밑에 가라앉은 찌꺼기를 치운 다음 바닥에 숯을 깔았지요. 숯은 물을 깨끗하게 해 주고 물에 영양분까지 공급해 주거든요. 우물 옆에 있는 네모난 절구처럼 생긴 돌그릇은 '석지'라고 해요. 여기에 물을 담고 연꽃을 띄워서 감상했답니다. 꽤 운치 있었겠죠? 이제 뭐가 남았나요? 아하, 굴뚝 이야기를 하지 않

여기서
잠깐!

나의 이름은 무엇일까요?

김춘영 가옥 앞에는 남산골 한옥마을 사람들이 공동으로 사용하는 디딜방앗간이 있답니다. 방앗간에서 쓰는 세 가지 물건도 걸려 있어요. 각각의 이름을 보기 중에서 골라 보세요!

보기

광주리, 키, 체

①

②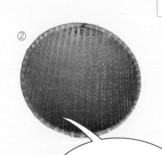

③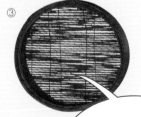

곡물의 알갱이를 고를 때 사용하지. 어린아이가 오줌을 쌌을 때 나를 쓰고 소금을 얻으러 다녔단다.

곡물 등 여러 먹을거리를 담는 데 나를 사용했어. 대나무나 싸리, 버드나무로 만들지.

일정한 크기의 곡물이나 가루를 걸러낼 때 나를 써. 용도에 따라 구멍의 크기가 다르지.

정답은 56쪽에

았네요.

굴뚝 이야기는 간단한 퀴즈로 대신하고 나중에 온돌과 함께 알아보도록 해요. 자, 굴뚝과 반드시 함께 있지만 대개 반대편에 있는 것은 무엇일까요? 답이 궁금하면 44쪽을 보세요.

이제 집을 나가면서 마지막으로 담장을 살펴봐요. 담에서도 역시 공간 활용을 잘했어요. 따로 바깥 담을 쌓지 않고 안채의 벽을 담으로 이용했지요. 예쁘게 쌓은 네모난 돌들을 사고석이라고 부르는데, 부유한 양반집을 지을 때만 사용했던 고급 재료랍니다.

굴뚝
사진에서처럼 벽돌로 굴뚝을 쌓기 시작한 것은 조선 말기부터예요.

담
다듬지 않은 돌을 그대로 사용하고도 튼튼하고 아름다운 담을 쌓았어요. 우리 전통 문화의 특징 중 하나가 바로 자연스러움이랍니다.

사고석으로 쌓은 담

한옥 짓기

한옥은 어떻게 지을까요? 한옥 한 채를 짓는 데에는 많은 손길과 정성이 필요하답니다. 그림과 함께 간략하게 알아봐요.

① 집터 고르기
풍수지리를 보는 풍수사가 집터와 방향을 결정해요.

② 터 닦기
집터를 평평하게 고르고 기단을 만들어요.

③ 기둥 세우기
기둥 자리를 다져서 주춧돌을 놓고 기둥을 세워요.

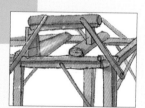

④ 뼈대 세우기
기둥을 연결하고 그 위에 지붕의 뼈대를 만들어요.

⑤ 지붕 얹기
서까래를 얹고 흙을 올린 다음 기와를 얹어요.

⑥ 벽과 바닥 만들기
온돌을 놓고 벽과 바닥을 놓으면 완성이에요.

⑦ 집들이
집이 완성되면 고사를 지내고 동네 사람들을 불러 집들이를 해요.

기품 있는 팔대가

관훈동 민씨 가옥
조선 25대 왕인 철종의 사위 박영효의 집이에요. 부마란 왕의 사위를 뜻해요. 이 집은 서울 팔대가*로 전해진답니다.

팔대가
여덟 손가락 안에 꼽히는 대갓집을 일컬어요.

디딜방아를 지나 모퉁이를 돌면 박영효 가옥의 사랑채로 통하는 문이에요. 대갓집의 대문치고 모양이 평범하고 크기도 작다고요? 맞아요. 이 문은 본래 대문으로 세웠던 문이 아니에요. 행랑채에서 사랑채로 통하는 중간 문이었지요.

사실 본래의 집은 우리가 보는 것보다 훨씬 컸답니다. 이 문 앞쪽으로 넓은 마당과 행랑채, 그리고 솟을대문이 달린 대문간채가 더 있었고 안채 옆으로 네 칸짜리 광도 있었어요. 남산골 한옥마을로 옮겨

화계

안채 뒤편의 별채
시집 안 간 딸들이 머무는 별채예요. 여기서 글공부를 비롯해 살림살이를 익혔어요.

장독대

굴뚝

안채
ㄱ자 모양의 안채에 ㅡ자 모양의 대문간채가 붙어 있어요. 부엌과 붙어 있는 방이 안방이에요.

건넌방

할머니 방

이쪽이 여자들의 공간인 안채!

안방

안마당

광

부엌

찬방

대문간채

올 당시에 안타깝게도 안채만이 남아 있어서 사랑채와 별채를 다시 만들어 놓은 것이에요.

격식 있는 양반집답게 사랑채와 안채가 내외담으로 완전히 구분되어 있어요. 사랑채의 누마루에서 감상할 수 있도록 화계도 가꾸었고, 안채에 별도로 딸린 대문간채의 부엌 크기도 여섯 칸이나 돼요.

그럼 사랑채와 안채, 그리고 별채에 대해서 좀 더 자세하게 알아보기로 해요.

✏️ **대갓집**
대대로 세력 있고 번창한 집안을 말해요.

✏️ **내외담**
남녀의 공간을 가르는 담을 뜻해요.

✏️ **누마루**
다락처럼 높게 만든 마루를 말해요.

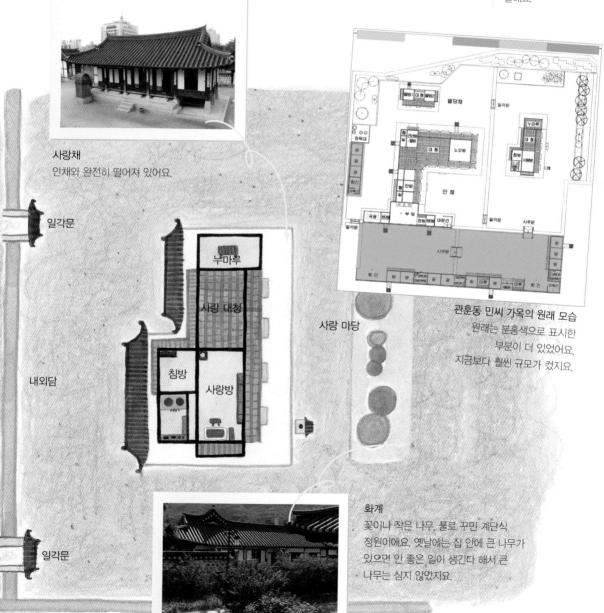

사랑채
안채와 완전히 떨어져 있어요.

일각문

내외담

일각문

누마루

사랑 대청

침방

사랑방

사랑 마당

관훈동 민씨 가옥의 원래 모습
원래는 분홍색으로 표시한 부분이 더 있었어요. 지금보다 훨씬 규모가 컸지요.

화계
꽃이나 작은 나무, 풀로 꾸민 계단식 정원이에요. 옛날에는 집 안에 큰 나무가 있으면 안 좋은 일이 생긴다 해서 큰 나무는 심지 않았지요.

남자들의 공간, 사랑채

옛날에는 생활의 모든 분야에서 남녀의 구분이 엄격했어요. 남자 어른은 가문에 대한 책임을 지고 집안을 이끌어가야 했지요. 또 농사, 손님맞이, 애경사 참석 등과 같은 집안의 바깥살림을 담당했어요. 지금도 남편을 바깥주인, 바깥어른, 바깥양반으로 부르는 경우를 볼 수 있는데 바로 옛날의 이러한 풍습에서 나온 것이에요. 이런 남자들의 주요 활동 공간이 바로 사랑채랍니다.

남자 주인, 즉 가장은 사랑채에서 생활하면서 대외적인 활동의 중심적인 역할을 했어요. 따라서 사랑채 건물은 구조가 복잡하거나 화려하지는 않아도 집안의 가풍을 강조하고 위엄을 드러낼 수 있도록 지었어요.

사랑채는 보통 큰사랑과 그에 딸린 침방, 작은사랑, 대청, 누마루로 이루어져요.

관훈동 민씨 가옥의 사랑채

옛집은 주인에 따라 달라요
조선 시대에는 신분이 모든 생활에 영향을 끼쳤어요. 사는 집도 신분에 따라 달랐지요.
대개 신분이 높을수록 집의 규모가 커지고, 구조도 복잡하게 만들었답니다.

① 궁궐
왕의 집이에요. 현재 경복궁, 창덕궁, 덕수궁, 창경궁, 경희궁의 다섯 궁궐이 남아 있어요.

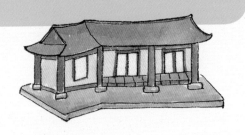

② 양반집
주로 기와집이지만 초가도 있어요. 초가라도 양반의 초가는 기와집의 구조를 따랐어요.

작은 부엌이 있는 경우도 있어요. 큰사랑에서는 가장인 아버지가, 작은사랑에서는 아들이 생활하는데 큰사랑이 크기도 훨씬 크고 또 좋은 가구로 꾸며져 있답니다. 큰사랑에는 별도로 잠을 자는 침방이 딸려 있기도 해요.

누마루는 휴식을 취하거나 손님을 맞을 때 이용하는 공간이에요. 가장의 권위를 나타내기 위해서 방보다 높게 지었어요. 여름에 문을 모두 열면 사방이 훤하게 트여 주변의 경치나 잘 가꾸어진 화계의 모습을 즐길 수 있었답니다.

엄마 따로 아빠 따로?

남녀가 사랑채와 안채에서 따로 생활했던 옛날에는 엄마와 아빠가 서로 어떻게 만났을까요? 해결책은 바로 비밀 통로였답니다. 작은 문을 내거나 담장을 좁게 뚫어서 남의 눈에 띄지 않게 서로 만났는데, 그나마도 밤중에만 가능한 일이었다고 해요.

제기동 해풍 부원군 윤택영 재실 비밀 통로

여기서 **잠깐!**

담의 용도는 무엇일까요?

오른쪽 사진 속에 담이 보여요. 언뜻 보면 엉뚱하게 세워진 것 같지만 사실 깊은 뜻이 있답니다. 과연 왜 이곳에 담을 세웠을까요?

▶ 힌트 남녀유별

☞ 정답은 56쪽에

③ 평민집
초가가 많고, 기와집에 비하여 크기도 작고 구조도 단순해요.

④ 노비집
노비는 주인집에서 살기도 했지만 따로 집을 짓고 살기도 했어요.

⑤ 절
부처님을 모신 곳으로 주로 산에 있어요. 스님들의 수도 생활에 알맞게 지었어요.

여자들의 공간, 안채

조선 시대에 여자들은 남자들의 바깥 일을 뒷받침해 주는 역할을 했어요. 가족들의 음식이나 의복 관리와 같은 의식주를 돌보면서 가족의 건강을 책임지는 등 안살림을 도맡아 했고, 어린 자녀를 키우는 일도 여자들의 몫이었어요. 안주인, 안어른, 집사람이라고 불렸던 여자들의 중심 공간이 바로 안채예요.

안채는 사랑채 안쪽에 있어서 바깥에 잘 드러나지 않고 생김새 또한 'ㄷ'자 모양이나 'ㅁㅁ'자 모양으로 꽉 막혀 있어요. 가

관훈동 민씨 가옥의 안채

결혼 후 여성의 지위 변화

안채의 주인이 되기까지는 길고도 힘든 시간을 보내야 해요. 그 과정을 알아볼까요?

1.

시집살이
갓 결혼해 며느리가 되면 시집 온 집안의 안살림을 익혀야 했어요. 낯선 시어머니에게서 많은 것을 배워야 하기 때문에 참 힘든 기간이지요.

2.

안주인
고된 시집살이를 거쳐 드디어 안방의 주인이 되었어요. 안살림의 총책임을 지고 살림을 꾸려야 해요.

3.

은퇴기
나이가 들어 며느리에게 안살림 권한과 함께 안주인 자리를 넘겨주고 건넌방에서 손자·손녀를 돌보며 남은 여생을 보내요.

족과 여자 하인들이 아니고는 함부로 드나들 수조차 없었던 것은 물론이고 남자 하인이 마당이라도 쓸고 있으면 안주인은 마당에 내려가지 않는 것이 법도였지요.

안채는 숨겨진 곳이어서 사랑채에 비해 답답해 보이기도 해요. 하지만 한옥의 특징인 <u>분합문</u>을 들어 올리면 공간이 탁 트여서 개방적인 곳으로 탈바꿈한답니다. 안채의 공간은 가운데 있는 대청마루를 중심으로 나뉘어요. 한쪽에서는 시어머니가 살고 다른 한쪽에서는 며느리가 살지요. 안방은 가장의 아내가 차지하고 나머지 사람은 건넌방에서 지내는 것이 보통이에요.

✎ 분합문
접어 열 수 있는 문으로, 대청이나 방에 사용해요.

광
집안 살림에 쓰이는 온갖 물건들을 넣어 두는 곳이에요.

옛집은 재료에 따라 달라요

옛집은 기본적으로 주춧돌 위에 나무 기둥을 세우고 만들었어요. 하지만 지붕과 벽은 자연환경에 따라 다양한 재료를 사용했지요. 재료를 고를 때 첫 번째 조건은 바로 구하기 쉬워야 한다는 것이랍니다.

① 기와집
흙을 구워 만든 기와로 지붕을 얹은 집이에요.

② 초가
짚이나 갈대 등으로 지붕을 만들지요.

③ 새집
억새를 엮어 지붕을 만들어요.

④ 너와집
나무 판자를 기와처럼 잘라서 지붕을 얹어요.

⑤ 굴피집
나무 껍질을 기와처럼 사용해서 지붕을 얹은 집이에요.

⑥ 귀틀집
큰 통나무를 사각형으로 맞춰 층층이 얹은 집이에요.

별당 아씨를 아세요?

안채 뒤에 숨어 있는 이 건물은 무엇일까요? 바로 별채예요. 별채는 사랑채 근처에 지어서 아들의 서당이나 가장의 자리에서 은퇴한 할아버지가 사는 작은 사랑채로 사용했어요. 하지만 박영효 가옥에서처럼 안채 옆에 지은 경우에는 주로 시집 안 간 딸들이 머물렀답니다. 이곳에서 글 공부도 하고, 수도 놓고, 결혼을 한 뒤 시집의 안주인으로서 필요할 여러 가지 덕목과 살림살이를 익혔지요. TV 드라마에 종종 나오는 '별당 아씨'란 이처럼 별당에 사는 결혼 안 한 주인집 딸을 일컫는 말이에요.

관훈동 가옥 별채

옛날에는 어려서부터 성별에 따른 생활 구분이 시작되었어요. 그래서 남매 사이라도 일곱 살 정도가 되면 서로 다른 공간에서 생활했지요. 딸은 안채 쪽에서 어머니와, 아들은 사랑채 쪽에서 아버지와 함께 살면서 자연스럽게 남녀의 역할을 익혀 나갔어요.

수틀
별당 아씨들은 별채에서 생활하며 수를 놓는 등 살림살이를 익혔어요.

여기서
잠깐!

왜 이렇게 생겼을까요?
한옥마을의 집을 구경하다 보면 건물마다 아래 사진에서처럼 벽이 튀어나온 부분을 볼 수 있어요. 왜 이렇게 지었을까요?

▶힌트 이것과 연관이 있어요.

정답은 56쪽에

며느리에겐 곳간 열쇠, 아들에겐 땅 문서

나이가 찬 아들이 혼인을 하면 아내를 맞아들여요. 이렇게 새로 집안에 들어온 며느리는 시어머니에게서 집안일을 배우지요. 그러다 며느리가 집안일에 능숙해지고 시어머니가 나이 들면 자연스럽게 안살림의 권한을 며느리에게 물려준답니다. 이때 시어머니가 며느리에게 주는 것이 바로 곳간 열쇠였어요.

집안에 따라, 또 지방에 따라 곳간 열쇠를 넘겨주는 시기가 다르지만 일반적으로 아무리 빨라도 며느리가 아들을 낳은 이후에야 가능한 일이었어요. 그리고 이때에 사랑채의 주인, 즉 가장도 아버지에서 아들로 바뀌어요. 바깥살림의 권한은 땅이나 집 또는 산의 문서를 물려주는 것으로 이루어졌지요. 때로는 제사를 주관하는 사람이 아버지에서 아들로 바뀌면서 바깥살림의 권한이 바뀌는 경우도 있었답니다.

재미있는 것은, 이렇게 안살림과 바깥살림의 주인이 바뀔 때 방의 주인도 바뀐다는

점이에요. 안채의 안방을 사용하던 시어머니는 건넌방으로 물러나고, 며느리가 안방을 차지하게 되지요. 남자도 마찬가지로 큰사랑에 살던 아버지는 작은사랑으로, 작은사랑에 살던 아들은 큰사랑으로 자리를 옮겨요. 우리의 전통 한옥이 유교적인 생활 풍습과 참으로 밀접함을 또 한번 확인할 수 있는 부분이에요.

조상을 모신 사당

제기동 해풍부원군 윤택영댁 재실

윤택영은 조선의 마지막 왕인 순종의 계비*순정 효황후 윤씨의 아버지 예요. 왕의 장인인 것이지요.

계비
임금의 첫 번째 정식 부인은 정비, 두 번째부터의 정식 부인은 계비라고 해요.

종가
족보상 맏이로만 이어온 큰 집을 말해요.

집에서 제사를 지내 본 적이 있나요? 제사란 죽은 사람의 혼에 음식을 바치고 정성을 다하는 것을 말해요. 우리는 주로 돌아가신 조상에게 제사를 지내지요. 이렇듯 조상에게 제사를 지내는 풍습은 유교를 받든 조선 시대에 생겨 매우 중시되었답니다. 특히 각 가문의 종가에서는 아예 집 안에 사당을 지어 놓고 제사를 지냈을 정도예요. 지금 둘러보려는 윤택영댁 재실은 제사를 지낼 때 머물기 위해서 지은 집이랍니다.

사당은 윤택영댁 재실 가장 깊숙한 곳에 자리하고 있어요. 건물의 기둥이나 천장, 마루가 화려하지는 않지만 간결하면서도 매우 위엄이 있어 보여요. 사당은 대개 세 칸으로 짓는답니다. 건물 주위에 담을 두르거나 꽃과 풀로 꾸미기도 하고 지붕을 단청으로 장식하는 경우도 있어요.

사당 안 모습

제기동 해풍부원군 윤택영댁 재실의 사당

안을 들여다보면 네 곳에 상이 차려져 있어요. 가장 뒤에 있는 의자는 '교의'예요. 교의 위에 신주를 모신 다음 제사를 지냈지요. 이곳 사당에는 교의만 있고 신주는 모셔 두지 않았네요. 교의 앞에는 조상이 드실 음식을 차려요. 제사 음식은 반드시 햇과일이나 햇곡식으로 만들지요. 제사상 앞에는 향을 피우는 향상과 술상을 둡니다.

조선 시대에는 요즘처럼 제삿날에만 조상을 찾았던 것이 아니라 매일 아침 사당에 가서 인사를 올렸어요. 사당에 조상의 혼령이 있다고 여기면서 말이에요.

상을 네 곳에 차리는 이유는 네 명의 조상을 모시기 때문이에요. 왼쪽에서부터 고조할아버지, 증조할아버지, 할아버지, 아버지까지 4대의 위패를 나란히 놓지요. 현재의 종손이 죽으면 고조할아버지의 위패는 무덤 앞에 묻어요. 이렇게 사당에는 항상 4대의 위패가 놓이는데, 이를 '사대봉사'라고 부른답니다.

단청
벽이나 천장에 그림이나 무늬를 그린 것을 말해요.

신주
죽은 사람의 이름을 적은 나무패를 가리켜요.

종손
종가의 맏아들을 가리키는 말이에요.

옛집은 지역에 따라 달라요

집의 구조는 그 지역의 기후에 따라 달라요. 남부 지방은 무더운 여름에 대비해 시원한 마루를 만든 반면에, 북부 지방은 추운 겨울에 대비해 난방이 잘 되도록 지었답니다.

① 남부 지방
부엌, 방, 대청이 일렬로 늘어서 바람이 잘 통해요.

② 중부 지방
남부와 북부 지방의 집 구조가 섞여 있어요.

③ 북부 지방
부엌, 거실, 방으로 두루 쓰이는 정주간이라는 온돌방을 두어서 추울 때 밖으로 나가는 일을 줄였어요.

옛집의 화장실은 어디?

오늘날 우리는 화장실이라고 부르는 곳에서 볼일도 보고, 세수도 하고, 목욕도 해요. 그렇다면 한옥에서 살았던 옛날에는 이런 일들을 어디에서 어떻게 해결했을까요?

양반들은 하인이 떠다 준 물로 방 안에서 세수를 했어요. 게을러서 그랬던 것이 아니라 다른 사람에게 손이나 얼굴을 드러내는 것이 유교적 법도에 맞지 않는다고 생각했기 때문이지요. 세수뿐만 아니라 목욕도 마찬가지예요. 큰 나무통에 물을 넣은 다음 남자들은 그 옆에 앉아서, 여자들은 통에 들어앉아서 씻었는데 이때에도 옷을 전부 벗지는 않았어요. 그나마도 깜깜한 밤에 했고, 연중 행사처럼 가끔 씻었을 뿐 자주 있는 일이 아니었답니다.

이번엔 뒷간 얘기를 해 볼까요? 뒷간에서도 역시 유교적인 생각을 엿볼 수 있어요. 요즘 집에서는 남녀 구별 없이 화장실을 이용하지만 조선 시대 양반집에는 안뒷간과 바깥뒷간을 따로 두었어요. 위치는 방에서 되도록 멀리 떨어진 곳이었지요. '뒷간과 사돈집은 멀리 두어야 한다.'는 속담을 들어 봤을 거예요. 뒷간이 멀면 냄새는 덜 해서 좋지만 불편하지 않느냐고요? 이런 문제점을 해결해 준 것이 바로 요강이었답니다.

급하다, 급해!

곡선이 멋들어진 지붕

지금까지 전통 정원과 세 채의 한옥을 둘러보았어요. 이 집에서는 대청마루에 앉아 잠시 쉬며 한옥을 감상해요.

한옥의 아름다움을 이야기할 때 빼놓을 수 없는 것이 바로 지붕이에요. 자연스럽고 우아한 한옥 지붕의 곡선에 대해서는 한번쯤 들어 봤을 거예요. 하지만 한편으로 한옥의 지붕은 아주 무거워 보이기도 해요. 어떻게 보면 서로 어울리지 않는 두 가지 특징이지만 부자연스럽지 않고 아름답게 조화를 이루고 있지요. 이런 독특한 지붕의 모양은 어떻게 해서 생겨났을까요?

세계 어느 지역에서든 집의 재료는 주변에서 구하기 쉬운 것을 사용하기 마련이에요. 그래서 우리나라의 전통 집들은 대개 나무와 흙으로 만들었어요. 나무로 기둥을 세우고 그 사이를 흙으로 메웠지요. 그런데 기둥을 나무로 세우니 땅에서 배어 나오는 물에 닿아 썩어 버리는 것이 문제였어요.

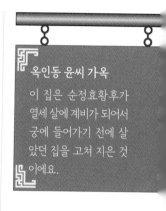

옥인동 윤씨 가옥

이 집은 순정효황후가 열세 살에 계비가 되어서 궁에 들어가기 전에 살았던 집을 고쳐 지은 것이에요.

여러 가지 지붕

지붕은 옆면의 모습에 따라 맞배지붕, 우진각지붕, 팔작지붕으로 나누기도 하고 지붕 면의 수에 따라 사모·육모·팔모지붕으로 나누기도 해요. 사진은 모두 남산골 한옥마을에 있는 지붕이에요.

① 육모지붕
면이 여섯 개인 지붕이에요.

② 맞배지붕
대표적인 한옥의 지붕이에요.

③ 팔작지붕
가장 화려한 지붕으로, 옆면이 한자의 여덟 팔(八)처럼 생겼어요.

이를 해결하기 위해서 나무 기둥 아래에 주춧돌을 놓게 되었답니다. 하지만 또 다른 문제점이 생겼어요. 돌 위에 세워진 나무 기둥은 옆에서 밀면 와르르 무너지고 말거든요. 어떻게 하면 좋을까요? 맞아요, 위에서 꾹 눌러 주는 거예요.

그러려면 지붕이 무거워야겠지요? 실제로 한옥 지붕은 기와, 기와 사이의 흙, 나무로 만든 서까래까지 합해 그 무게가 엄청나답니다. 그런데 가느다란 나무 기둥 위에 묵직한 지붕이 올라앉아 있는데도 가분수처럼 보이지 않아요. 왜일까요? 답은 여러분 눈앞에 있어요. 바로 용마루와 처마의 부드러운 곡선 덕분이에요. 하늘을 향해 솟아오르는 듯한 선들이 무거운 지붕을 날렵하게

처마가 뭐예요?
한옥에서 모자의 챙과 비슷한 역할을 하는 것이 바로 처마예요. 처마에는 홑처마와 겹처마가 있어요. 지붕을 아래에서 올려다봤을 때 판이 한 겹이면 홑처마, 덧댄 판이 하나 더 있으면 겹처마이지요.

겹처마 / 홑처마

망와

내림마루

용마루

박공

합각벽

기술과 아름다움이 조화된 한옥!

기왓골

기왓등

암키와

수키와

보이도록 해 주는 것이지요. 처마는 한옥에 아름다움을 더할 뿐만 아니라 기둥을 옆에서 받쳐 주는 기능도 한답니다.

한옥의 건축 기술과 아름다움이 잘 어우러진 또 다른 예는 공포예요. 공포란 처마 끝의 무게를 받치기 위해 기둥머리에 짜 맞추어 댄 나무를 말해요. 그 자체로도 장식이 될 만큼 구조가 정교하지요. 공포는 놓는 방법에 따라 주심포계, 다포계, 익공계로 나누어요. 남산골의 한옥들에서는 익공계 공포를 볼 수 있어요. 익공의 수가 하나이면 초익공, 둘이면 이익공이라 부른답니다. 어때요, 이제 한옥의 지붕을 볼 때 이것저것 살펴보느라 심심하지 않겠지요?

익공
새 날개 모양의 장식 나무를 뜻해요.

이익공

초익공

여기서 잠깐!

지붕의 종류를 맞혀 보세요!
사진 속 전통 한옥의 지붕은 어떤 지붕일까요?
육모지붕? 맞배지붕? 팔작지붕? 잘 모르겠으면 33쪽을 참고하세요.

☞ 정답은 56쪽에

우아한 한옥의 곡선
사진에서 보듯이 처마 부분에서 위쪽으로 부드럽게 선이 휘어져 올라간 것을 '조로'라고 불러요.

추녀마루(귀마루)

사래

부연

서까래

추녀

이 지붕은 겹처마야.

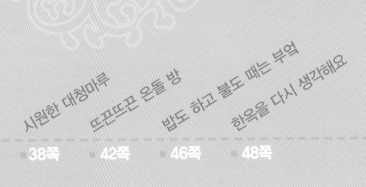

관훈동 민씨 가옥 할머니 방

흰 벽과 어울리는 서까래

창호지를 바른 창문

집 안 구석구석 둘러보기
대청, 방, 부엌

동네 구경 잘 했나요? 이제 집 안을 구경해 봐요.
어느 집부터 보고 싶나요? 각자 다르겠지만 오늘은
한옥 공부를 하러 왔으니 한옥의 기본 구조를
잘 갖추고 있는 관훈동 민씨 가옥을 보는 것이 좋겠어요.
먼저 여러분이 사는 집의 모습을 떠올려 보고
한옥과 비교하면 도움이 되겠군요.
집 안에 들어서면 신발장이 있고, 거실과
부엌이 있고, 방이 있어요. 또 어떤 공간에
어떤 물건들이 있는지 생각해 보고 비교하면
더욱 알찬 체험이 될 거예요.

위엄 있어 보이는 대청

시원한 대청마루

대청은 한옥의 중심이에요. 건물 가운데에 있는 것만 봐도 알 수 있지요. 뿐만 아니라 제사를 지낼 때 가족이 모이는 곳이기도 하고 여름이면 하루 생활의 대부분이 이루어지는 공간이기도 해요. 또한 대청은 양반들의 권위를 상징하는 곳이에요. 기단을 높다랗게 쌓아 만들어서, 대청에 앉아 마당을 내려다보면 조아린 하인의 뒷머리가 보이기도 했답니다. 또 사당이 없는 양반집에서는 대청 뒷벽을 파고 작은 방처럼 생긴 벽감을 만들어 조상의 위패를 모시기도 했어요.

대청의 구조를 살펴볼까요? 가장 아래에 기단이 있고, 기단 위에는 디딤돌이 놓여요. 대청의 디딤돌은 다른 디딤돌보다 더 반듯하고 크게 만들기도 하지요.

기단
터를 다듬고 터보다 한 층 높게 쌓은 단을 말해요.

대청
한옥 생활의 중심 공간인 대청이에요. 여름엔 문을 모두 열어 시원하게, 겨울엔 모두 닫아 따뜻하게 지내요.

대청의 구조

❶ 기둥
❷ 대청마루
❸ 툇마루
❹ 분합문
❺ 교창
❻ 머름

대청 천장 감상하기
한옥을 정면에서 볼 때 가로로 놓은 것이 '도리', 세로로 걸친 것이 '보'입니다.

서까래

중도리

처마도리

중도리

종보

대들보

서까래

처마도리

기둥

집의 중심, 대들보

대들보는 천장 구조의 중심이에요. 그래서 '대들보'라고 하면 무언가 중심이 되고 중요한 것을 뜻하기도 해요. 우리 속담 중에도 '기와 한 장 아끼다가 대들보 썩힌다.'는 말이 있어요. 작은 것을 아끼다가 큰 손해를 본다는 뜻이지요.

여기서
잠깐!

숨은 그림을 찾아라!

이게 대체 뭐냐고요? 대청마루를 이루고 있는 부분들이에요. 왼쪽 사진 속 어디에 있는지 찾아 보세요!

환기구멍
대청마루에는 바람이 솔솔 통해야 하는 거 알죠? 공기가 통하도록 낸 환기구멍이에요.

등롱
쇠로 만든 살에 헝겊을 씌우고 안에 촛불을 넣은 등이에요.

주련
기둥이나 벽에 장식으로 써서 붙이는 좋은 글귀예요.

주춧돌
기둥을 받치는 주춧돌을 찾아보세요.

디딤돌
높은 마루에 올라서기 쉽도록 놓은 디딤돌이에요.

정답은 56쪽에

사랑채의 누마루

머름

말아 올린 발

우물마루

연등천장

✏️ 서까래
지붕의 틀을 이루는 가늘고 긴 나무를 말해요.

머름
머름은 문의 아래에 모양도 내고, 바람도 막기 위해서 대는 나무판이에요. 겉보기와는 달리 내부 구조가 복잡해서 머름을 짜 넣으려면 기술이 아주 좋아야 한답니다.

　바닥은 보통 우물 정(井)자로 생긴 가지런한 우물마루이고, 천장은 지붕을 이루는 각종 나무 재료들이 그대로 드러나는 구조예요. 박영효 가옥의 대청 천장처럼 서까래의 나무 색깔과 그 사이사이에 칠한 회반죽의 흰 색이 조화를 이루는 천장을 연등천장이라고 불러요.

　이번에는 대청의 옆면을 볼까요? 대청은 사방이 분합문으로 둘러싸여 있어요. 네 짝으로 이루어진 분합문은 여름이면 접어 올려서 들쇠에 걸 수 있고, 겨울이면 내려 달아 벽과 같은 구실을 한답니다. 점잖은 양반집 안채에서 여름이라고 문을 전부 열어젖혀도 상관없느냐고요? 걱정 마세요. 바람은 시원하게 잘 통하도록 하면서도 사람들의 눈길은 막아 주는 발이 있으니까요.

　사랑채에서 생활하는 남자들은 대청 외에 누마루에서도 많은 시간을 보내요. 누마루는 사랑채 건물에 이어서 한 층 높여 지은 마루인데 벽이 없이 기둥만으로 이루어져 있어요. 기둥 사이사이는 역시 분합문을 달았지요. 문을 전부 들어 올렸을 때 너무 허전하지 않도록 난간이나 머름을 둘러 준답니다.

아래 물건들의 용도는 무엇일까요?

대청마루와 누마루를 잘 살펴보면 사진 속 물건들이 보일 거예요.
과연 무엇에 쓰는 물건들일까요? 사진과 각 설명을 맞게 연결해 보세요.

잡을끈
지체높은 양반들은 갓을 쓰고
함부로 고개를 숙이지 않았어요.
그럼 신발은 어떻게 신을까요?
이게 있으면 걱정 없어요!

살평상
이 위에서 낮잠을 자면
한여름에도 시원해요.

들쇠
분합문을 들어 올려서
여기에 걸어 둬요.

정답은 56쪽에

여러 가지 마루

우리나라의 여름은 무척 덥고 습기가 많아요. 그래서 만든 것이 바로 나무로 바닥을 깐
마루랍니다. 마루는 밑으로 공기가 통하는 데다 천장이 높아서 더운 공기가 높이 올라가
기 때문에 여름에도 시원하지요. 아래와 같이 여러 가지 형태가 있어요.

① 대청마루
방과 방 사이에 있는 큰 마루를 가리켜요.

② 누마루
높은 기둥 위에 만든 것으로 대개 사랑
채의 가장자리에 만들었어요.

③ 툇마루
각 방과 대청에서 마당 쪽으로
툇기둥을 세우고 만들어요. 방
사이를 다닐 때 사용해요.

④ 쪽마루
툇마루와 비슷하지만 툇기
둥이 없고 대부분 크기도
작아요.

뜨끈뜨끈 온돌 방

방은 집에서 가장 중요한 공간이에요. 잠을 자고 휴식을 취하는 것 외에 밥도 먹고 손님도 맞고 공부도 하는 등 일상생활에 꼭 필요한 일들이 방에서 이루어지지요.

먼저 안채의 방을 볼까요. 대개 큰 방이 안주인인 시어머니가 쓰는 안방이고, 대청마루 건너 안방 맞은편에 있는 작은 방이 며느리가 쓰는 건넌방이에요. 가구도 안방의 것이 훨씬 화려하고 좋아요. 한옥의 장유유서 정신, 기억하죠? 관훈동 민씨 가옥에서는 할머니 방이 가장 크고 잘 꾸민 것이 특이해요.

사랑채도 마찬가지예요. 큰사랑은 아버지 방, 작은사랑은 아들 방으로 쓰는데 큰사랑에 값비싼 고급 가구와 문방구를 두는 것이 보통이랍니다.

건넌방? 건넛방?

'건넌방'이란 단어는 특별히 안방 맞은편에 있는 방을 가리키는 말이에요. 그런데 '건넛방'과 헷갈린다고요?

건넛방은 건넌방과는 다르게 건너 편에 있는 방을 모두 일컫는 말이랍니다. 건넌방도 건넛방 중 하나인 것이지요.

관훈동 민씨 가옥 안채 건넌방

방과 마루는 이렇게 달라요

방과 마루, 얼핏 보면 구분이 잘 안 가지요? 방과 마루가 어떻게 다른지 알아 봐요.

① 바닥을 보세요
방은 바닥이 온돌이지만 마루는 나무예요.

② 천장을 보세요
방은 천장이 낮고 종이를 발라 마무리하지만 마루는 천장이 높고 들보나 서까래 기둥이 그대로 드러나 있어요.

③ 아래를 보세요
마루 밑은 기둥 사이가 뻥 뚫려 있어요. 습기가 올라오는 걸 막기 위해서지요. 그러나 방은 밑에 온돌이 있기 때문에 모두 막혀 있답니다.

여기가 뜨끈한 아랫목이렷다!

② ③

방과 방의 가구들
① 잘 꾸민 할머니 방 ② 장지문으로 나뉜 안방 ③ 사랑방 창으로 보이는 운치 있는 풍경

벼루

지통

바느질고리

경대

문갑

사방탁자

할머니 방 가구들
❶ 이층장   ❼ 방침
❷ 삼층장   ❽ 안석
❸ 화로   ❾ 보료
❹ 촛대   ❿ 장침
❺ 서안   ⓫ 방석
❻ 병풍

꽃병

큰사랑 옆에 붙어 있는 작은 방은 침방이에요. 대갓집의 사랑방에는 손님이 끊이지 않기 때문에 잠을 자는 방을 따로 둔 것이지요. 일반적으로 대청을 가운데 두고 큰사랑 건너 편에 작은 사랑이 있답니다.

각 방을 구경해 보니 어떤 생각이 드나요? 대갓집의 방 치고 생각보다 작다고요? 맞아요. 박영효 가옥의 안방처럼 장지문을 사이에 두고 몇 칸씩 터서 사용하는 경우도 하지만 대개 한옥의 방은 한 칸 정도예요. 옛날에는 식구가 많아서 방이 많이 필요했고, 온돌로 난방을 하려면 방의 크기가 너무 커서는 안 되었거든요.

온돌로 인한 한옥 방의 또 다른 특징은 앉아서 생활하는 데 알맞다는 것이에요. 방바닥이 따뜻해 몸을 바닥에 붙이고 있으면 더 따뜻하거든요. 또 방바닥에는 장판지를 깔았어요. 구들 위에 평평하게 흙을 바르고 기름 먹인 한지를 여러 겹 바르면 깔끔한 한옥 방이 완성된답니다.

온돌의 구조

온돌은 방바닥 아래로 불기운이 지나가게 해서 방을 덥히는 시설이에요.

흙과 돌로 만든 온돌로 난방을 하면 방바닥이 골고루 따뜻한 데다가 한번 덥혀지면 잘 식지 않아요. 하지만 아궁이에서 먼 쪽의 방바닥이 덜 따뜻하고 온도 조절이 어렵다는 안 좋은 점도 있지요.

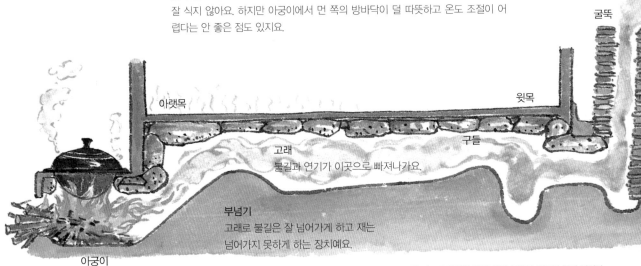

굴뚝

윗목

아랫목

고래
불길과 연기가 이곳으로 빠져나가요.

구들

부넘기
고래로 불길은 잘 넘어가게 하고 재는 넘어가지 못하게 하는 장치예요.

아궁이

✱ 21쪽 퀴즈의 정답을 찾았나요? 굴뚝과 반드시 함께 있지만 대개 반대편에 있는 것은 바로 아궁이랍니다.

44

집의 얼굴, 창호

창호란 창과 문을 통틀어 일컫는 말이에요. 대개 창은 빛과 바람이 들도록 터 놓은 곳을, 문은 사람이나 물건이 드나들도록 터놓은 곳을 뜻하지만 한옥에서는 창과 문의 구분이 뚜렷하지 않아서 한데 묶어 창호라고 부른답니다. 눈에 가장 잘 띄는 부분인 창호는 한옥의 얼굴과도 같기 때문에 창살과 문살로 예쁘게 꾸미기도 해요. 우리의 전통 창호는 나무로 울거미 를 짜고 창호지를 발라 만들어요. 이때 창호지가 바람을 막아 주고 햇빛을 적절히 조절해 주는 중요한 역할을 하지요. 남산골 한옥마을의 다양한 창호를 구경해 보세요.

울거미 문틀과 같이, 뼈대를 짜서 맞춘 것을 말해요.

대문이나 부엌에 많은
판장문

틀 안에 얇은 판을
끼워 넣은 골판문

들어 올릴 수 있는
대청의 분합문

두 겹이어서 추위를
막아 주는 두껍닫이문

빛이 들어오도록 낸
광창

분합문 위에 내는
교창

공기가 잘 통하는
부엌의 살창

여는 방법이 독특한
들창

여자 방에 많은
완(卍)자 모양 문살

남자 방에 많은
용(用)자 모양 창살

가장 흔하게 볼 수 있는 띠살

바른네모꼴인 정자살

밥도 하고 불도 때는 부엌

부엌은 가족의 끼니를 준비하는 중요한 곳이에요. 그래서 안방 옆에 있는 경우가 많지요. 또한 우리나라의 부엌은 음식을 만들고 저장하는 동시에 난방까지 하는 독특한 형태예요. 온돌의 구조를 기억하지요? 아궁이에서 지핀 불이 구들을 지나면서 안방 방바닥을 덥혀야 하기 때문에 부엌의 바닥은 마당보다 낮게 만들었어요.

그밖에 부엌에서는 설거지는 물론 절구질도 하고, 하인들이 모여 밥을 먹기도 하고, 밤에는 여자들이 문을 걸어 잠그고 목욕을 하기도 했어요. 이처럼 두루 쓰이다 보니 방에 비해 공간이 넓은 편이었지요. 또 부엌에서 여러 가지 재료를 가져다 쓰기 편리하도록 찬방이나 광이 가까이에 있었어요.

부엌에는 기본적으로 부뚜막과 솥이 있어요. 부뚜막은 아궁이 위에 흙과 돌을 쌓아 밥을 지을 수 있도록 만든 단이에요.

부엌마다 2~3개씩 있는 아궁이 위에는 크기별로 솥이 놓여요. 솥에는 큰 것부터 두멍솥, 가마솥, 중솥, 옹솥이 있지요. 두멍솥은 잔치처럼 한꺼번에 많은 음식을 할 때 쓰고 가마솥은 밥을 지을 때나 소의 여물을 삶을 때, 중솥은 밥을 지을 때, 옹솥은 국을 끓일 때 사용해요.

우리 조상들은 집을 새로 짓거나 이사를 하면 솥을 가장 먼저 옮겨다 놓을 만큼 솥을 중요하게 생각했답니다.

찬방과 광

부엌과 붙어 있는 찬방에는 그릇이나 음식 재료를 보관해요. 이름은 방이지만 바닥은 주로 마루로 되어 있지요. 광은 창고 같은 곳으로, 집 안 살림에 쓰는 온갖 물건을 이곳에 넣어 둔답니다.

제기동 해풍부원군 윤택영 재실의 김칫독
김치를 보관하는 곳이에요. 마당 한쪽에 있어요.

아궁이에 불을 때면 방이 따뜻해지지.

부엌과 부엌의 도구들
부엌에는 부뚜막과 솥을 비롯해 각종 조리 도구들이 있어요.

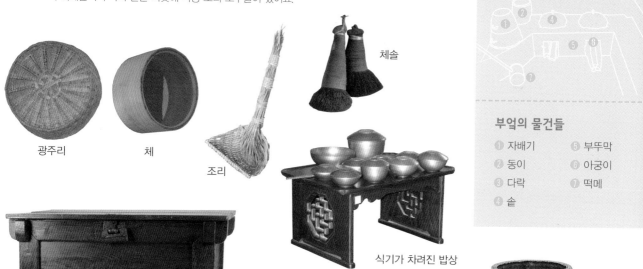

체솔

광주리

체

조리

식기가 차려진 밥상

부엌의 물건들
① 자배기　⑤ 부뚜막
② 동이　　⑥ 아궁이
③ 다락　　⑦ 떡메
④ 솥

뒤주

나무 절구

항아리

한옥을 다시 생각해요

　지금까지 우리의 옛집인 한옥을 둘러봤어요. 한옥과 여러분이 사는 집은 어떻게 다른가요? 아파트와 같은 현대식 주택은 좁은 공간에 많은 사람이 살 수 있는데다가 화장실이 깨끗하고 부엌은 일하기에 매우 편리해요. 하지만 최근 문제가 되고 있는 새집증후군에서 보듯이 사람에게 좋지 않은 물질이 나오는가 하면 집을 짓거나 허물 때 엄청난 쓰레기가 나오는 문제점을 안고 있지요.

　이에 비해 한옥은 자연 재료인 나무와 흙, 돌을 있는 그대로 사용하기 때문에 집을 허물 때 환경오염이 전혀 없어요. 또 한옥의 재료인 나무와 흙, 한지는 우리 몸에 나쁜 전자파를 막는 데에도 아주 효과적

이지요. 뿐만이 아니에요. 한옥은 우리나라의 기후에 알맞게 발전해 왔기 때문에 여름에는 시원하고 겨울에는 따뜻해서 냉방과 난방에 쓰는 에너지를 아낄 수 있는 것은 물론이고, 나무 기둥을 끼워 맞추는 뛰어난 건축 기술로 지어서 그 수명도 요즘 집보다 훨씬 길답니다. 그야말로 친환경 주택이라고 할 수가 있어요.

한옥은 이처럼 조상들이 한때 살았던 옛집으로서 보존하고 감상만 하기에는 아까운 뛰어난 유산이에요. 한옥의 여러 우수한 점들을 잘 살리고 개발한다면 아파트의 문제점들을 해결한 새로운 형태의 집이 탄생할지도 모르는 일이랍니다.

나는 한옥마을 박사!

이제 한옥에 대해서 얼마나 배웠는지 확인해 볼 차례예요. 다음번에 남산골 한옥마을에 가면 친구에게 으스대며 설명해 줄 수 있을지 미리 알아보는 것도 괜찮겠지요. 그럼 지금부터 문제를 풀어 보세요!

① 각 방에 알맞은 가구는 무엇일까요?

아래는 전통 한옥의 모습이에요. 그런데 어쩐지 허전해 보이는 곳들이 있네요.
각 장소에 어울리는 물건을 골라 빈칸에 써 보세요.

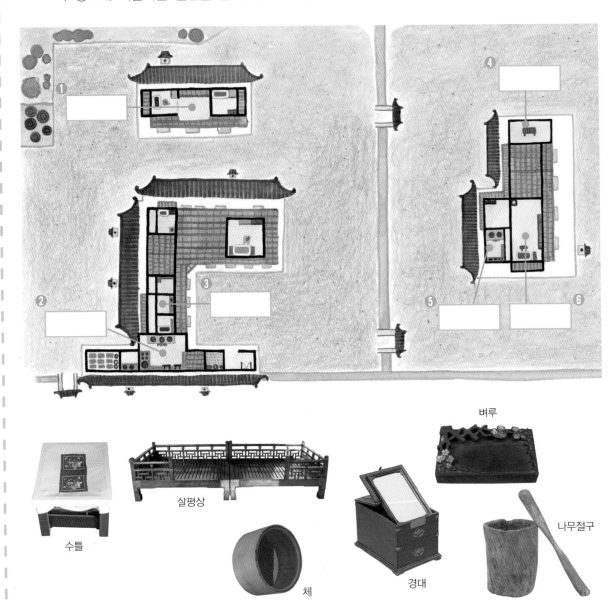

수틀

살평상

벼루

체

경대

나무절구

② 빈칸에 알맞은 말을 보기에서 골라 넣어 보세요.

종가를 지을 때 가장 먼저 어느 건물의 터를 잡는지 아나요? 맞아요, 바로 사당이에요. 사당에 관한 지식을 총동원해서 빈칸을 채워 보세요.

> **보기**
>
> 신주, 네, 조상, 교의, 술상, 햇과일과 햇곡식

사당의 안을 들여다보면 (❶   ) 곳에 상이 차려져 있어요. 가장 뒤에 있는
다리가 긴 의자는 (❷   )예요. (❷   ) 위에 (❸   )를 모신 다음 제사를
지냈지요. 제사 음식은 반드시 (❹   )으로 만들어요. 제사상 앞에는 향을 피우는
향상과 (❺   )을 둬요. 조선 시대에는 매일 아침 사당에 가서 인사를 올렸어요.
사당에 (❻   )의 혼령이 있다고 여기면서 말이에요.

③ 도전 골든벨 O X 퀴즈!

다음 질문에 O 또는 X로 답해 보세요.

1. 한옥에 가장 큰 영향을 끼친 유교적 생각은 조상 숭배이다. (   )
2. 한옥에서는 각 식구들에게 정해진 방이 있지만 방의 주인은 때에 따라 바뀐다. (   )
3. 한옥의 입구에는 일각문을 세운다. (   )
4. 큰사랑이 작은사랑보다 클 뿐 아니라 좋은 가구로 꾸며졌다. (   )
5. 한옥에서 사랑채는 대개 안채와 떨어져 있다. (   )
6. 한옥의 안채는 무척 폐쇄적이어서 창문도 제대로 열 수 없었다. (   )
7. 별채는 안채 쪽에 있으면 여자들이, 사랑채 쪽에 있으면 남자들이 주로 사용했다. (   )
8. 한옥에서 가장 추운 곳인 대청의 난방을 위해 개발된 것이 온돌이다. (   )

맞은 개수	한옥에 대한 나의 상식 수준
1~2개	이 책을 다시 읽고 남산골 한옥마을에 또 가야겠어요.
3~5개	오호, 제법이에요.
6~7개	전생에 대갓집 주인이었나 봐요.
8개	혹시 당신은 도편수*?

* 도편수란 목수의 우두머리를 뜻하는 말이에요.

☞ 정답은 56쪽에

나는 한옥마을 박사!

4 알맞게 연결해 보세요.

한옥의 두드러진 특징 중 하나는 바로 마루예요. 마루는 그 위치와 쓰임새에 따라
여러 가지로 나뉘지요. 마루 사진을 그에 알맞은 설명과 연결해 보세요.

사랑채 건물
끝에 높이 지은
마루

방과 방 사이에
있는 큰 마루

방이나 대청에서
마당 쪽으로
툇기둥을 세우고
만든 마루

툇마루와
비슷하지만
툇기둥이 없는
마루

5 사행시를 지어 보세요.

남산골 한옥마을의 천우각에서 내려다 본 청학지의 모습이에요. 이 연못은 천원지방, 즉 '하늘
은 둥글고 땅은 네모나다.'는 생각에 따라 만들었다고 배웠지요. 사행시를 지으면서 조선 시대
양반이 된 기분을 한번 내어 보는 건 어떨까요?

천 _____

원 _____

지 _____

방 _____

⑥ 십자말풀이를 해 보세요.

			1					2	5
2									
3						4			
			4						
				5			7		
		6		3					
7			8				9		
			10						

〈가로 열쇠〉

1. 마루 아래 같은 곳에 놓아 디디고 오르내릴 수 있게 한 돌.

2. 가는 나무로 살을 대어 만든 창. 주로 부엌에 사용.

3. 하늘은 둥글고 땅은 네모나다는 생각.

4. 불을 때기 위해 만든 구멍. 부뚜막에 있음.

5. 기둥을 높여 지은 대문.

6. 주변 경치를 볼 수 있도록 기둥과 지붕으로만 지은 커다란 집.

7. 홑처마 끝에 짧은 서까래를 덧대어 낸 처마.

8. 한옥의 지붕을 이는 데 사용하는 흙으로 구운 재료.

9. 조상의 신주를 모셔 놓은 집.

10. 이사한 후에 이웃과 친지를 불러 집을 구경시키고 음식을 대접하는 일.

〈세로 열쇠〉

1. 발로 디디어 곡식을 찧거나 빻는 방아.

2. 나라에 큰 공이 있어 사당에 영원히 모셔지는 신위.

3. 얇은 나무판으로 지붕을 얹은 집.

4. 장독 따위를 놓아 두려고 뜰에 높직하게 만들어 놓은 곳.

5. 문을 바르는 데 쓰는 얇은 종이.

6. 다락처럼 높게 만든 마루. 주로 사랑채에 있음.

7. 종이, 붓, 먹, 벼루의 네 가지 문방구.

정답은 56쪽에

나만의 한옥 설계하기!

한옥의 아름다움에 푹 빠져 보았나요? 배운 내용을 바탕으로 내가 살고 싶은 한옥을 직접 설계해 보세요. 한옥의 구조며 모양, 공간의 구분, 기능 등을 복습하는 데 큰 도움이 될 거예요. 설계라고 해서 그림 실력이 좋아야만 하는 건 아니니 걱정 마세요. 중요한 건 아이디어랍니다!

준비물 : 흰 종이 여러 장, 연필, 지우개, 색칠 도구

집의 용도와 기능을 생각해요

가장 먼저 자신이 어떤 집에 살고 싶은지를 생각해 보세요. 마당이 넓은 집? 대가족이 사는 집? 대청마루 앞이 훤하게 트인 집, 아니면 바람이 새어 들어오지 않아서 따뜻한 집? 이렇게 집의 주제를 확실하게 결정하고 나면 설계하기가 훨씬 쉬워질 거예요. 절반은 완성했다고 해도 과언이 아니지요!

공간을 구분해요

정해진 주제에 알맞게 필요한 공간이 무엇무엇인지 적어 보세요. 방은 몇 개가 있어야 하는지, 또 크기는 얼마나 되어야 하는지도 생각해야 하고, 부엌, 마루, 화장실도 빼놓지 말아야겠지요. 정원을 가꿀 것인지, 광이나 찬방을 마련할지 말지도 결정해야 할 거예요.

위치를 정하고 평면도를 그려요

이번에는 위에서 정한 공간들을 어디에 둘 것인지 정할 차례예요. 준비한 종이에 연필로 여러 가지로 그려 보세요. 이 책 18쪽에 있는 것처럼 위에서 내려다본 '평면도'를 그리면 그리기도 쉽고 한눈에 보기도 좋답니다. 앗, 그런데 한옥의 구조를 따르면 엄마와 아빠를 갈라 놓아야 한다고요? 걱정 마세요. 집이란 살기 편하도록 바뀌는 법이니 모든 건 여러분 손에 달려 있답니다.

나만의 한옥을 완성해요

연필로 그린 평면도 가운데 마음에 드는 것을 선택해서 잘 다듬은 다음 예쁘게 색칠해 보세요. 방 안에 가구도 들여 놓고, 정원에 꽃과 나무까지 그려 넣으면 정말 사람 사는 집처럼 보일 거예요. 어때요? 잘 완성되었나요?

집 이름 짓기
자신이 정한 주제에 맞게
집의 이름을 지어 보세요.
이름이 있는 집이라면 훨씬
아늑하게 느껴질 테니까요.

아름답게 어우러진 신식 한옥, 미화당
엄마, 아빠, 언니, 나 이렇게 네 가족이 살 아름다운 한옥을
만들었어요. 사랑채는 바깥에, 안채는 안에, 안채 뜰에는
장독대와 우물까지. 전통적인 한옥의 구조를 잘 살렸네요.
집 안에 화장실을 두고 부엌 옆에 광을 만들어서 편리하게
쓸 수 있도록 한 점도 돋보여요. 아빠가 계시는 사랑채에는
화장실이 없는 대신 요강을 가져다 둔 재치도 만점이에요!

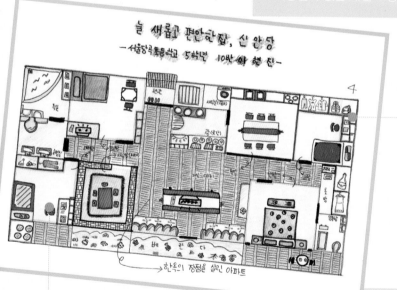

한옥 따라하기
요즘 아파트에 많은
붙박이장, 사실은 한옥에서
온 것임을 이미 눈치 챘겠죠?

한옥 따라하기
온돌을 발전시킨 보일러를 틀면
방이 뜨끈뜨끈! 우리나라의
아파트는 이미 많은 부분
한옥을 따르고 있답니다.

한옥의 장점을 살린 새롭고 편안한 아파트, 신안당
아파트의 거실에 우물마루를 깔고 거실 옆에는 한옥
사랑채의 누마루를 변형한 사랑방을 마련했어요.
난간을 두르니 거실과 구분되면서도 위쪽은 토여 답답하지
않겠지요? 게다가 난간 너머로는 화계로 꾸민 발코니의
꽃과 풀을 감상할 수 있어 한옥이 부럽지 않아요!

● 〈나만의 한옥 설계하기!〉는 어린이를 위한 체험학습 '미운돌멩이'에서 제공했습니다.

정답

여기서 **잠깐!**

19쪽 화장실을 찾아라!

20쪽 ① 키 ② 광주리 ③ 체

25쪽 이런 것을 '내외담'이라고 부르는데, 남자와 여자의
공간을 나누거나 바깥에서 안채가 보이는
것을 막기 위해서 세워요.

28쪽 벽이 튀어나온 이 부분은 바로 벽장이에요.
벽장에는 이불이나 옷 같은 여러 물건을 넣어
두지요. 요즘의 붙박이장과 같아요.

35쪽 사진에 보이는 것은 박영효 가옥의 사랑채로,
팔작지붕을 얹었습니다.

39쪽

41쪽 맨 왼쪽부터 살평상, 잡을끈, 들쇠

나는 한옥마을 박사!

❶ 각 방에 알맞은 가구는 무엇일까요?
① 수틀 ② 체 또는 나무절구 ③ 경대
④ 살평상 ⑤ 체 또는 나무절구 ⑥ 벼루

❷ 빈칸에 알맞은 말을 보기에서 골라 넣어 보세요.
① 네 ② 교의 ③ 신주
④ 햇과일과 햇곡식 ⑤ 술상 ⑥ 조상

❸ 도전 골든벨 OX 퀴즈!
1. 한옥에 가장 큰 영향을 끼친 유교적 생각은 조상 숭배이다. (O)
2. 한옥에서는 각 식구들에게 정해진 방이 있지만 방의 주인은 때에 따라 바뀐다. (O)
3. 한옥의 입구에는 일각문을 세운다. (O)
4. 큰사랑이 작은사랑보다 클 뿐 아니라 좋은 가구로 꾸며졌다. (O)
5. 한옥에서 사랑채는 대개 안채와 떨어져 있다. (X)
6. 한옥의 안채는 무척 폐쇄적이어서 창문도 제대로 열 수 없다. (X)
7. 별채는 안채 쪽에 있으면 여자들이, 사랑채 쪽에 있으면 남자들이 주로 사용했다. (O)
8. 한옥에서 가장 추운 곳인 대청의 난방을 위해 개발된 것이 온돌이다. (X)

❹ 알맞게 연결해 보세요.

사랑채 건물
끝에 높이 지은
마루

방과 방 사이에
있는 큰 마루

방이나 대청에서
마당 쪽으로
툇기둥을 세우고
만든 마루

툇마루와
비슷하지만
툇기둥이 없는
마루

❺ 사행시를 지어 보세요.

천방지축 우리 동생

원숭이처럼 까불까불

지겹지도 않은지 끝도 없이 장난쳐요.

방마다 어지르고도 그칠 줄을 몰라요.

❻ 십자말풀이를 해 보세요.

몇 개나 맞혔나요?
이런, 한옥마을에
또 가야겠다고요?

사진 출처

주니어김영사 3p(한옥마을 입구), 6~7p(사진 전부), 8p(한옥 이미지), 14~15p(사진 전부), 16~17p(사진 전부), 19p(사진 전부), 20~21p(사진 전부), 22~23p(사진 전부), 24p(박영효 가옥 사랑채), 25p(윤택영 재실 비밀 통로), 26p(박영효 가옥 안채), 27p(광), 28p(사진 전부), 30p(사진 전부), 33p(사진 전부), 34~35p(사진 전부), 36~37p(사진 전부), 38~39p(사진 전부), 40~41p(사진 전부), 42p(사진 전부), 43p(할머니 방, 안방, 사랑방, 사방탁자, 지통, 문갑), 45p(사진 전부), 46p(김칫독), 47p(부엌과 부엌의 도구들, 광주리, 체, 체솔, 식기가 차려진 밥상), 48~49p(장독대)

국립민속박물관 43p(벼루, 바느질고리, 경대, 꽃병), 47p(조리, 뒤주, 나무 절구, 항아리)

서울특별시 문화재과 11p(함양 정병호 가옥 사진들)

이미지트립 12p(한국 정원, 유럽 정원)

박선하 25p(담)

초등학교 교과서와 관련된 학년별 현장 체험학습 추천 장소

1학년 1학기 (21곳)	1학년 2학기 (18곳)	2학년 1학기 (21곳)	2학년 2학기 (25곳)	3학년 1학기 (31곳)	3학년 2학기 (37곳)
철도박물관	농촌 체험	소방서와 경찰서	소방서와 경찰서	경희대자연사박물관	IT월드(과천정보나라)
소방서와 경찰서	광릉	서울대공원 동물원	서울대공원 동물원	광릉수목원	강원도
시민안전체험관	홍릉 산림과학관	농촌 체험	강릉단오제	국립민속박물관	경희대자연사박물관
천마산	소방서와 경찰서	천마산	천마산	국립서울과학관	광릉수목원
서울대공원 동물원	월드컵공원	남산골 한옥마을	월드컵공원	국립중앙박물관	국립경주박물관
농촌 체험	시민안전체험관	한국민속촌	남산골 한옥마을	기상청	국립고궁박물관
코엑스 아쿠아리움	서울대공원 동물원	국립서울과학관	한국민속촌	서대문자연사박물관	국립국악박물관
선유도공원	우포늪	서울숲	농촌 체험	선유도공원	국립부여박물관
양재천	철새	갯벌	서울숲	시장 체험	국립서울과학관
한강	코엑스 아쿠아리움	양재천	양재천	신문박물관	남산
에버랜드	짚풀생활사박물관	동굴	선유도공원	경상북도	남산골 한옥마을
서울숲	국악박물관	고성 공룡박물관	불국사와 석굴암	양재천	롯데월드민속박물관
갯벌	천문대	코엑스 아쿠아리움	국립중앙박물관	경기도	국립민속박물관
고성 공룡박물관	자연생태박물관	옹기민속박물관	국립민속박물관	이화여대자연사박물관	삼성어린이박물관
서대문자연사박물관	세종문화회관	기상청	전쟁기념관	전쟁기념관	서대문자연사박물관
옹기민속박물관	예술의 전당	시장 체험	판소리	천마산	선유도공원
어린이 교통공원	어린이대공원	에버랜드	DMZ	한강	소방서와 경찰서
어린이 도서관	서울놀이마당	경복궁	시장 체험	화폐금융박물관	시민안전체험관
서울대공원		강릉단오제	광릉	호림박물관	경상북도
남산자연공원		몽촌역사관	홍릉 산림과학관	홍릉 산림과학관	월드컵공원
삼성어린이박물관		국립현대미술관	국립현충원	우포늪	육군사관학교
			국립4·19묘지	소나무 극장	해군사관학교
			지구촌민속박물관	예지원	공군사관학교
			우정박물관	자운서원	철도박물관
			한국통신박물관	서울타워	이화여대자연사박물관
				국립중앙과학관	제주도
				엑스포과학공원	천마산
				올림픽공원	천문대
				전라남도	태백석탄박물관
				경상남도	판소리박물관
				허준박물관	한국민속촌
					임진각
					오두산 통일전망대
					한국천문연구원
					종이미술박물관
					짚풀생활사박물관
					토탈야외미술관

4학년 1학기 (34곳)	4학년 2학기 (56곳)	5학년 1학기 (35곳)	5학년 2학기 (51곳)	6학년 1학기 (36곳)	6학년 2학기 (39곳)
강화도	IT월드 (과천정보나라)	갯벌	IT월드 (과천정보나라)	경기도박물관	IT월드 (과천정보나라)
갯벌	강화도	광릉수목원	강원도	경복궁	KBS 방송국
경희대자연사박물관	경기도박물관	국립민속박물관	경기도박물관	덕수궁과 정동	경기도박물관
광릉수목원	경복궁 / 경상북도	국립중앙박물관	경복궁	경상북도	경복궁
국립서울과학관	경주역사유적지구	기상청	덕수궁과 정동	고성 공룡박물관	경희대자연사박물관
기상청	경희대자연사박물관	남산골 한옥마을	경상북도	국립민속박물관	광릉수목원
농촌 체험	고창, 화순, 강화 고인돌유적	농업박물관	경희대자연사박물관	국립서울과학관	국립민속박물관
서대문자연사박물관	전라북도	농촌 체험	고인쇄박물관	국립중앙박물관	국립중앙박물관
서대문형무소역사관	고성공룡박물관	서울국립과학관	충청도	농업박물관	국회의사당
서울역사박물관	충청도	서울대공원 동물원	광릉수목원	롯데월드민속박물관	기상청
소방서와 경찰서	국립경주박물관	서울숲	국립공주박물관	몽촌토성과 풍납토성	남산
수원화성	국립민속박물관	서울시청	국립경주박물관	민주화현장	남산골 한옥마을
시장 체험	국립부여박물관	서울역사박물관	국립고궁박물관	백범기념관	대법원
경상북도	국립서울과학관	시민안전체험관	국립민속박물관	서대문자연사박물관	대학로
양재천	국립중앙박물관	경상북도	국립서울과학관	서대문형무소 역사관	민주화현장
옹기민속박물관	국립국악박물관 / 남산	양재천	국립중앙박물관	서울역사박물관	백범기념관
월드컵공원	남산골 한옥마을	강원도	남산골 한옥마을	조선의 왕릉	아인스월드
철도박물관	농업박물관 / 대법원	월드컵공원	농업박물관	성균관	서대문자연사박물관
이화여대자연사박물관	대학로	유명산	롯데월드민속박물관	시민안전체험관	국립서울과학관
천마산	롯데월드민속박물관	제주도	충청도	경상북도	서울숲
천문대	몽촌토성과 풍납토성	짚풀생활사박물관	서대문자연사박물관	암사동 선사주거지	신문박물관
철새	불국사와 석굴암	천마산	성균관	운현궁과 인사동	양재천
홍릉 산림과학관	서대문자연사박물관	한강	세종대왕기념관	전쟁기념관	월드컵공원
화폐금융박물관	서울대공원 동물원	한국민속촌	수원화성	천문대	육군사관학교
선유도공원	서울숲	호림박물관	시민안전체험관	철새	이화여대자연사박물관
독립공원	서울역사박물관	홍릉 산림과학관	시장 체험 / 신문박물관	청계천	중남미박물관
탑골공원	조선의 왕릉	하회마을	경기도	짚풀생활사박물관	짚풀생활사박물관
신문박물관	세종대왕기념관	대법원	강원도	태백석탄박물관	창덕궁
서울시의회	수원화성	김치박물관	경상북도	해인사 고려대장경과 장경판전	천문대
선거관리위원회	승정원 일기 / 양재천	난지하수처리사업소	옹기민속박물관	호림박물관	우포늪
소양댐	옹기민속박물관	농촌, 어촌, 산촌 마을	운현궁과 인사동	유니세프 한국위원회	판소리박물관
서남하수처리사업소	월드컵공원	들꽃수목원	육군사관학교	무령왕릉	한강
중랑구재활용센터	육군사관학교	정보나라	이화여대자연사박물관	현충사	홍릉 산림과학관
중랑하수처리사업소	철도박물관	드림랜드	전라북도	덕포진교육박물관	화폐금융박물관
	이화여대자연사박물관	국립극장	전쟁박물관	서울대학교 의학박물관	훈민정음
	조선왕조실록 / 종묘		창경궁 / 천마산	상수허브랜드	상수도연구소
	종묘제례		천문대		한국자원공사
	창경궁 / 창덕궁		태백석탄박물관		동대문소방서
	천문대 / 청계천		한강		중앙119구조대
	태백석탄박물관		한국민속촌		
	판소리 / 한강		해인사 고려대장경과 장경판전		
	한국민속촌		화폐금융박물관		
	해인사 고려대장경과 장경판전		중남미문화원		
	호림박물관		첨성대		
	화폐금융박물관		절두산순교유적지		
	훈민정음		천도교 중앙대교장		
	온양민속박물관		한국에너지기술연구원		
	아인스월드		한국자수박물관		
			초전섬유퀼트박물관		